実家スッキリ化

堀川 波

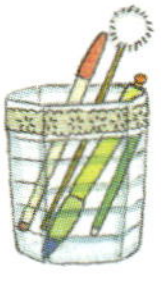

幻冬舎

3LDK マンション　実家の現状

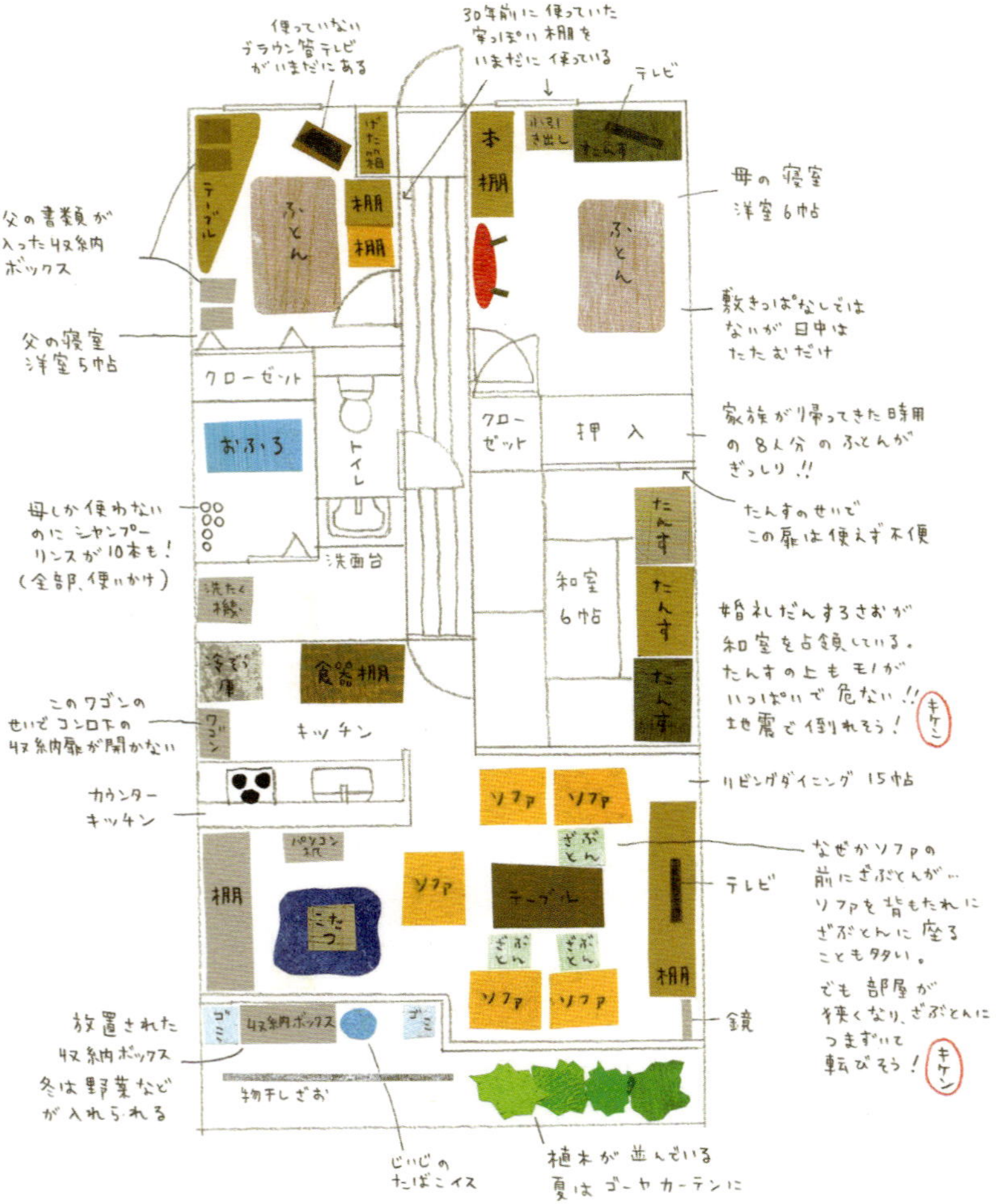

片づけ後の実家

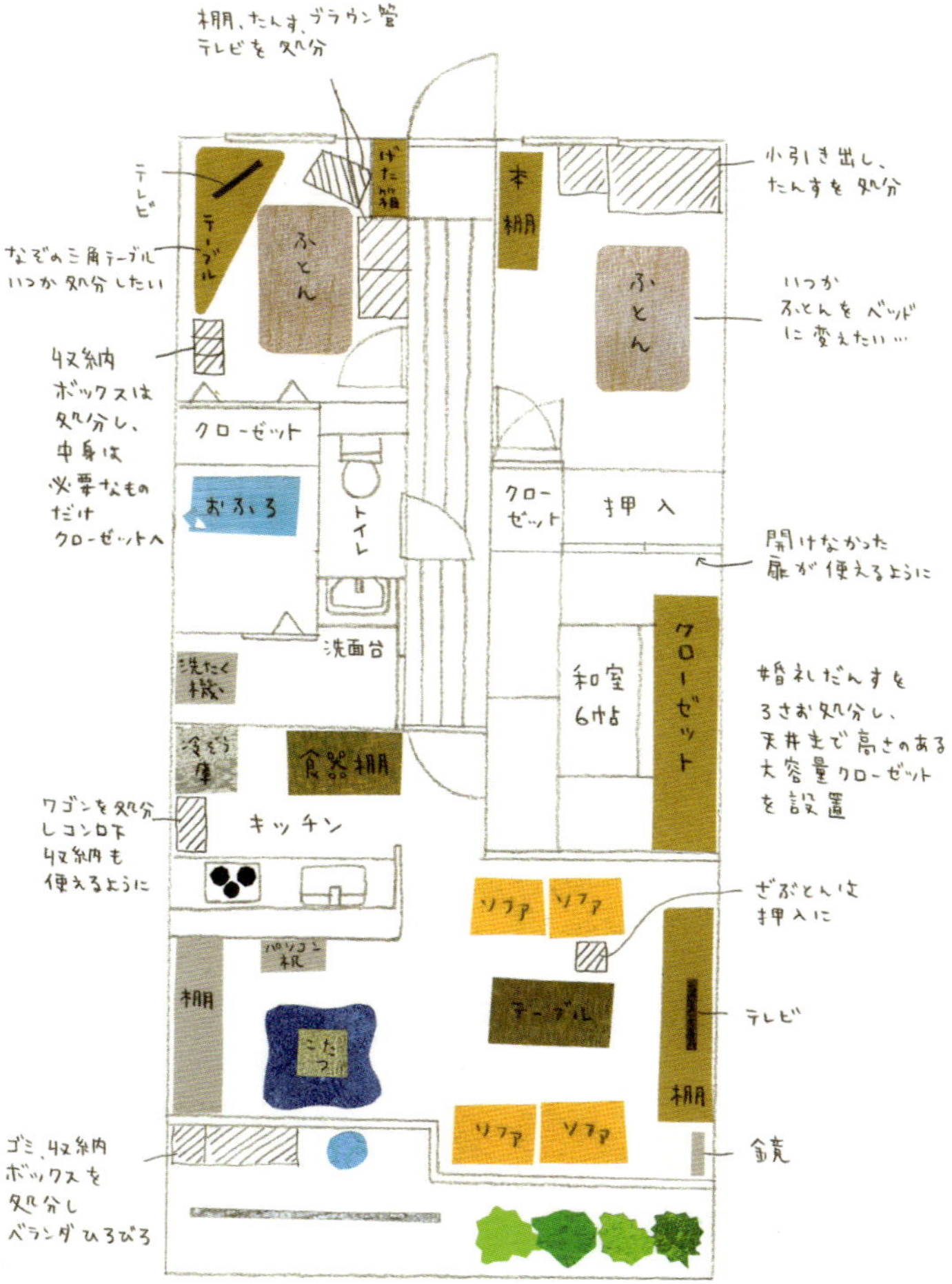
棚、たんす、ブラウン管
テレビを処分
テレビ
テーブル
なぞの三角テーブル
いつか処分したい
収納ボックスは処分し、中身は必要なものだけクローゼットへ
げた箱
ふとん
本棚
小引き出し、たんすを処分
ふとん
いつかふとんをベッドに変えたい…
クローゼット
おふろ
トイレ
クローゼット
押入
開けなかった扉が使えるように
洗面台
洗たく機
冷ぞう庫
食器棚
和室6帖
クローゼット
婚礼だんすを3さお処分し、天井まで高さのある大容量クローゼットを設置
ワゴンを処分しコンロ下収納も使えるように
キッチン
ソファ
ソファ
ざぶとんは押入に
パソコン机
棚
こたつ
テーブル
テレビ
棚
ソファ
ソファ
鏡
ゴミ、収納ボックスを処分しベランダひろびろ

実家年表

		実家	息子	娘（私）
1970	両親結婚 2LDKの団地で 新生活スタート	OSAKA		
1971 1973	娘（私）誕生 息子　誕生			
1990	息子18才で家を出る		TOKYO	
1993	娘　22才で家を出る	再び 2人暮らし		TOKYO
1997	27年住んだ団地から 3LDKの新築マンション に引っ越し	この時も トラック2台分の ゴミが 出たらしい		
1998 1999	娘　結婚 孫　1人目誕生	しょっちゅう 孫が遊びに くるように		
2002 2003	息子　結婚 孫　2人目誕生			
2004 2005	孫　3人目誕生 孫　4人目誕生	家族が 増え、モノも 増える一方		
2012	実家の片づけスタート （1人目の孫は中学生に）			
2014	クローゼットをオーダー	父、入院 手術も…		

実家スッキリ化

デザイン　細山田デザイン事務所

はじめに

父は昭和19年生まれ、母は23年生まれの団塊世代です。モノが増えることが幸せや暮らしの豊かさにつながってきた世代なので、捨てることがとても苦手なようです。

モノがあふれる時代に生まれた私は、自分の好きなモノだけに囲まれてシンプルに暮らしたい。実家に帰ると、モノが多くてごちゃごちゃしすぎて落ち着かない。帰るたびにちょこちょこと要らないモノを捨てていたのですが、そのたびに母から「大事なモノがなくなった！」と文句を言われる始末でした。

無駄なケンカはしたくないので元気なうちは、母や父の好きなようにすればいいと思っていましたが、あるお盆休みにハッとしました。毎日父が麦茶を沸かすやかんは、中はきれいに洗っているけれど、外側は洗っていない様子です。家の中を改めて見ると、母が毎日掃除をしている部屋も、すみっこにはうっすらほこりがたまっています。そのとたんに、祖父と祖母が80代のときに暮らしていた家を思い出しました。掃除がすみずみまでは行き届いてなくて、老人臭みたいなどんより湿った空気を感じたものでした。父と母が住む家も、このまま薄汚れてしまうのか。

両親が70代、80代になる日も、そう遠くありません。和室を占領する大きな婚礼だんすを動かせなくなったり、山のようにある洋服を捨てられなくなったりする日は、そこまで来てるのです。多すぎるモノが落下してけがをしたり、つまずいてしまうこともあるかもしれません。

親が亡くなってからの片づけではなく、親も私も元気なうちに、未来を一緒に過ごすための片づけをしたいと思うようになりました。

父や母が快適に暮らせて、家族や孫たちが帰りたくなる家にしたい。そんな使命感が私の中にむくむくと湧いてきました。だって、それをできるのは実の娘である私しかいませんから。

両親が元気なうちに、人を迎えられる風通しのいい家にしたい。それが父や母、そして私の幸せにつながると信じて、実家スッキリ化、始動です。

Contents

第2章　捨てた分だけ新しいハッピーがやってくる…41

Contents

第4章　帰りたくなる実家に…97

第1章

実家にぎっしり詰まったモノたち

モノが多すぎる実家の現状

父と母が住む3LDKのマンションは大阪府堺市内にあります。近くに緑豊かな公園がありながら、地下鉄の駅、商業施設も徒歩圏内という、環境のいい場所です。私と弟が東京に出て行った今から20年ほど前に、夫婦ふたりで住むために購入しました。

母は部屋の掃除を欠かしたことがありません。だからパッと見に汚い感じはありません。でも、夫婦ふたりしか生活していないわりにモノが多すぎてごちゃごちゃとしています。押し入れやクローゼットの中には、開けてはいけない玉手箱のような箱が積まれており、中にはモノがぎっしり詰まっています。

孫が小さいうちは、東京で結婚して暮らす私の家族や弟家族がしょっちゅう実家に帰省したものです。父と母ふたり暮らしの部屋には、孫たちが赤ちゃんだった頃に遊んだおもちゃや季節行事の道具、洋服などがそのまま残されています。

母は、新しいモノを買うのが大好き。だけど、買った分、古いモノを捨てるという発想がない人です。入れ替えるのではなく、上へ上へとどんどん積み上げるタイプ。結果、底の方にあるモノのことをすっかり忘れてしまうんです。そして、少しでもスペースを見つけると、ぎゅうぎゅうに収納してしまう。冷蔵庫や食器棚の上には使わない大鍋やホットプレート、ストック食品が積み上げられています。しかもありあわせの空き箱やら段ボール箱やらに詰めるので、思いっきり所帯じみています。

引き出しの中身をひっくり返すと、古いモノでは私が小学1年生のとき（36年前！）に使っていた名前入りの色鉛筆まで出てきました。

捨てられないがゆえに、3LDKのマンションには、地層のように家族の歴史が重なっているようです。

孫の成長とともに遠のく実家

毎年、お盆と正月は家族10人（私の家族４人、弟の家族４人、そして父母）が実家に集まり、みんなでトランプやカルタ、凧揚げをしてにぎやかに過ごしてきました。でも、最近では４人の子どもたちは習いごと、塾、部活、受験ですっかり忙しくなり、10人揃って顔を合わす機会もだいぶ減りました。思春期になれば、子どもは家族よりも友だちとの時間のほうが大事になってくる。もはや、３ＬＤＫの部屋に、10人分のふとんを敷くなんてことも、物理的に不可能です。

思えば私自身も、中学生ぐらいから、祖父母の家にほとんど行かなくなりました。自分の子どもが実家に寄り付かなくなるのはイヤだな。みんなが遠のくような実家にしたくない。帰りたくなる実家。つまり、私にとって居心地のいい場所にしなくては。

働き盛りの40代、子どもの受験などが原因で実家への足が遠のき始めると、一気に親の老いが加速し、その寂しさをまぎらすためか、実家のモノが増えるというデータが実際あるそうです。

人の出入りがあって初めて家は風通しがよくなる。人の出入りがないと、空気がよどみ、他人を寄せ付けなくなります。

両親が安全に快適に暮らせる、満足のいく家にするのはもちろんですが、家族が帰りたくなる家作り。それが私の目標になりました。

じいじインフルエンザ事件

一年ほど前、たまたま出張で大阪の実家にいた弟から早朝電話がかかってきました。「じいじが倒れた。今から病院に行く」

ついにこの時が来たか！ と東京にいる私は、とりあえず、やきもきしながら弟からの連絡を待つことしかできませんでした。

弟は、ちょこちょこラインでメッセージを送ってきます。

「ひとりで歩かれへん」とか「右手が動かへんらしい」とか「トイレするのを手伝った」とか、じいじの様子を伝えてくれます。いよいよ介護を覚悟しなければ、と悲しい気持ちになったものの、そのうち弟の膝の上にちょこんと座りながらたばこを吸うじいじの写真（ひとりで座ったり立ったりできないために、息子の膝の上に座ったようです）や、検査待ちをするじいじが距離感をつかめずペットボトルの水をだだこぼしする写真などが送られてきました。病院のベンチで居眠りする母の写真を見て、さすがわが家族と笑いが出ました。

そうして父の病名はインフルエンザだったと判明。

「右手動かへんとか言いながら、先生の前で右足で貧乏ゆすりしとんねん！」

母のイラッとした声には安堵が感じられました。いやあ、とりあえず、よかった、よかったと安心したものの、

「いつかは自力で歩けなくなる日が、やってくるのかも……」。

退院の際、会計を待つ車椅子姿のじいじの写真を見て私は、両親が元気なう

ちに実家にある大量のモノを処分しようと、思いを新たにしたのでした。

モノを把握する

まずはモノを把握することから始めました。家の中の棚という棚、引き出しという引き出し、そして押し入れ、クローゼットなどすべてを開けます。天袋や婚礼だんすの上に積み重なった箱の中など、すぐに開けて見られないときは、母に尋ねます。

「あの中には何が入ってるの？」

「何入ってんのかな〜」

母にさえわからない様子……。

家の中にあるモノを把握できていないので、同じようなモノを何個も買ってしまうんだと気づきました。

ざざっとチェックしただけでも、暮らしのサイズをはるかに上回る量のモノに囲まれて生活している。使っていないモノ、不要なモノがそこかしこにしまいこんでありました。

もったいないがもったいない

モノを大切にすると言いながら、使わないモノを大事にしまいこみ積み上げている母。それは、使いづらさの原因にもなっていました。

例えばたんすが占領しているために押し入れが開けられない。また、狭いキッチンにワゴンを置いているため、コンロ下も開かずの扉に。収納が機能しないでデッドスペースと化している。なんともったいないことか！

私の「もったいない」と、母の「もったいない」はずいぶん違います。私が子どもの頃、「もったいない」と言って、子どもの食べ残したもの、作りすぎたものをぜんぶひとりで食べて太ってしまった母。そしてダイエットしなくちゃとダイエット食品、ダイエット器具や本を買いまくってました。

私にとっては、母の「もったいない」のほうがずっともったいない！
でも、新しいモノ好きで好奇心旺盛な母としては、流行りのダイエットに挑戦することもまた、いきいきとした毎日を過ごすための楽しみなのかもしれません。

POINT

モノを把握すると、ストックの多さ、捨てることが苦手な母の性格がわかった。片づけ癖や買いものの仕方を知るところから始めよう。

たんすの上に箱がブロック積み

団塊世代のインテリア必須アイテムといえば、木目調の婚礼だんすではないでしょうか。子どもの頃、たんすの木目が人の顔に見えて怖くて眠れなかったものです。しかもわが家には3棹《さお》セット（引き出しタイプ、洋服をかけるタイプ、着物用の桐だんす）が幅をきかせていました。

それだけならともかく、たんすの上には段ボール箱が何個も何個もブロックのように積み重なっているのは、これまでに書いた通りです。

もし大地震が起きたら、高く積み上げたモノの下敷きになってしまうのではと、最悪の想定を考えずにはいられません。

POINT

たんすと天井の隙間にモノを置くのはやめよう。
危険！

暮らしを小さくするって意外とむずかしい

母がおもしろいことを言っていました。

「お父さんとふたり暮らしになった今でも4人家族だった頃に使っていた大きな鍋で昔と同じ量を作ってしまう。家の中のモノも、その感覚と同じなんやと思う」

いつまでたっても、4人家族の感覚が抜けず、ふたり暮らしのサイズ感が身につかないというのです。暮らしを小さくするって意外とむずかしいんですね。

例えばシャンプーを買おうとスーパーに行く。母ひとりしか使わないので、小さなボトルを選ぶべきなのですが、「欲しいものは大きなボトルでしか売っていない。しかも、小さいボトルは割高やから大きなボトルのほうがお得やろ」というのが母の言い分です。確かにファミリーサイズはお手頃です。こだわりを持ったひとり暮らしの女性なら、サロンや専門店で質のいいシャンプーを小さなボトルで買うのでしょうが、母にはそんな発想もありません。

結局大きなボトルを使いきる前に途中で飽きて、別の種類のシャンプーをまた大きなボトルで買う。そんなことを繰り返すので、結果、お風呂場には使いかけのシャンプーボトルが5つも6つも並ぶという羽目に。どっちがお得なんだか……。

調味料や食品、ティッシュやトイレットペーパーなどの消耗品もそんな感じで、ストックが家のあらゆるところで見受けられます。ひと手間かけるのも得意なため、トイレットペーパーをレンガのように積んで棚を作ったり、絶妙な隙間にティッシュボックスをはめこんだり。つっぱり棒を押しこみ、洋服をかけるなんて技まで繰り広げています。スペースがあるだけモノをためこむ才能は、もはやお見事！　としか言いようがありません。

POINT

4人家族からふたり暮らしへダウンサイジング。

明らかに捨てるしかないモノ

誰が見ても、どう考えても、明らかに捨てるしかないモノから手をつけ始めました。

例えば賞味期限切れの食品、使用期限切れの電池、破損した日用品など。母は「まだ使えるでしょう」「使えるモノを捨てるのは嫌」と抵抗を示しましたが、そういうときは母の目の前に並べることで、いかに必要以上にためこんでいるかを見てもらい説得しました。

「見てみ。これ、お母さんとお父さんが死ぬまでに使いきれる量じゃないよね」

7枚あったお盆は普段使い用とおもてなし用の2枚だけ残し、5枚は処分。古紙をまとめるナイロンひも10玉は8玉処分。祝儀袋は100枚以上ありましたが、「これから結婚するような若い知り合いひとりもおらんやん！」とツッコミ、5枚だけ残しました。

もちろん母の気持ちもわからなくはありません。家族のことを考えて捨てられずにいるモノがたくさんあるからです。孫が来たら使うかも。そう考えておもちゃやレジャー用品、ホットプレート、タコ焼き器、10人分のふとんセットを抱えこみ、入院時に必要かもと、ラジカセやパジャマ、浴衣にタオルを大量に買いためる。
たくさんのモノは、母の家族に対する愛情とも言える。

- **今の暮らしで使ってるもの**
- **今は使ってないけど、必要なもの**
- **思い出のもの**

このような分類をしながら、作業を進めました。

POINT
視覚化する。わかりやすいところから手をつける。

実家インテリアあるある 1
こたつにみかん
たんすにペルシャじゅうたん
座イスにパソコン
仏だんにまんじゅう
トイレにカレンダー
家具をレースでカバーする
ファンシーなモノを
並べて飾る
部屋のすみで
コンセントがぐちゃぐちゃ

実家には こんなものたちが ぎっしり！ 1

押し入れ
家族10人分のふとんが押し入れに入りきらないため買ったものと思われます
布団圧縮袋が30枚以上
帰省した8人の家族に気持ちよく眠ってほしいという親心です
シーツ・枕カバーなど各10セット以上
そもそもテーブルがありません
ベトナムみやげのテーブルクロス
3才の私がハサミで髪を切ったザンバラ頭
あまりにも怖くて捨てれない
43年前誕生祝いにもらった赤ちゃん人形
10人分のふとんがぎっしり

実家には こんなものたちが ぎっしり！2

着ているのを一度も見たことがない…
毛皮のコート
古すぎるデザイン…
父の三つ揃いの背広
もう入らない
ハデすぎ!
タイ土産のシルクのスーツ
父の服はほぼなし!ほとんどが母の服
ほとんどは古着回収に出しました
いらない服は ゴミ袋30個以上に!
夜な夜なこそこそと捨てに行く

実家には こんなものたちが ぎっしり! 3

中を見ると
塩で真っ白の
梅干しが
母がつけた梅干し
プラスティックの
ものは
捨てよう…
大量のザルやボール
1枚で
いいよ
お盆、トレーが5枚以上
孫たちは
すっかり大きく
なってます
赤ちゃん食器
10年以前までは
家族が集まれば
焼き肉！だった
焼き肉ガス台
ホットプレート
賞味期限切れの
食品ストック
さとう
恐怖！30年前
のスーパーのシールが！
45ℓゴミ袋2枚が
パンパンに
なりました
どれも古くて
サビサビ
包丁が6本以上

実家には こんなものたちが ぎっしり！4

母の部屋

読書家の
母の本は
300冊以上
ありました

旅行写真・家族写真

母の昔の日記・手紙

祝儀袋・香典袋が大量に

レコード、カセットなど

バスルーム
使い切らないうちに新しいモノを開けストックが増える
母の白髪染めストック
買ったことを忘れてまた買ってしまう…
大量の洗剤ストック
結局使わないならもらってこないで
海外旅行などでもらってくるホテルのアメニティグッズ
そうじのためらしいが多すぎる
使い古しのハブラシ
ベランダ
水
あんしん
すでに消費期限切れ
災害用の水
100本以上の針金ハンガー
野菜や新聞などなんでも入れに
使わなくなった衣装ケース
不燃ゴミなどがそのまま放置

実家には こんなものたちが ぎっしり! 5

孫のモノ
友人の子どもに送りました
怪獣人形
母のビスクドールが座ってます
赤ちゃんイス
赤ちゃん絵本
再生するデッキがない…
孫4人の成長記録
VHSビデオ
大量のぬいぐるみ

たんすの上に　モノが
こんなに　のっかっていました

和室にある婚礼だんすの上

客用ふとん
七五三セット
正月セット
客用ふとん
盆提灯セット
一人用こたつ
扇風機
ここに ふとんを
敷いて 寝る時の
恐怖といったら!!

客用ふとん → 2セットは粗大ゴミ。羽根ぶとんは押し入れに
盆提灯セット　→　粗大ゴミ
七五三セット →　着物買取り業者にまとめて送った
一人用こたつ
扇風機 → 母の寝室のクローゼットに
正月セット → 新しいクローゼットに

キッチンの食器棚の上

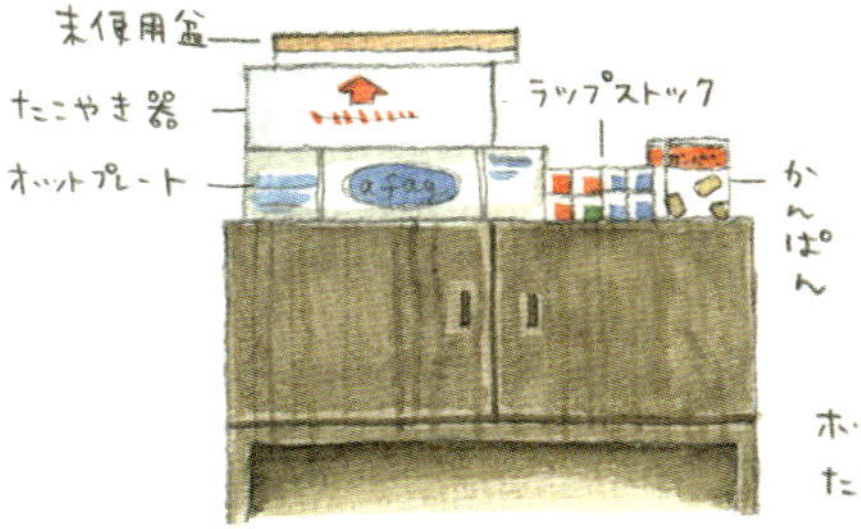

ホットプレート → 粗大ゴミ
たこやき器 → 粗大ゴミ

父の部屋の棚の上

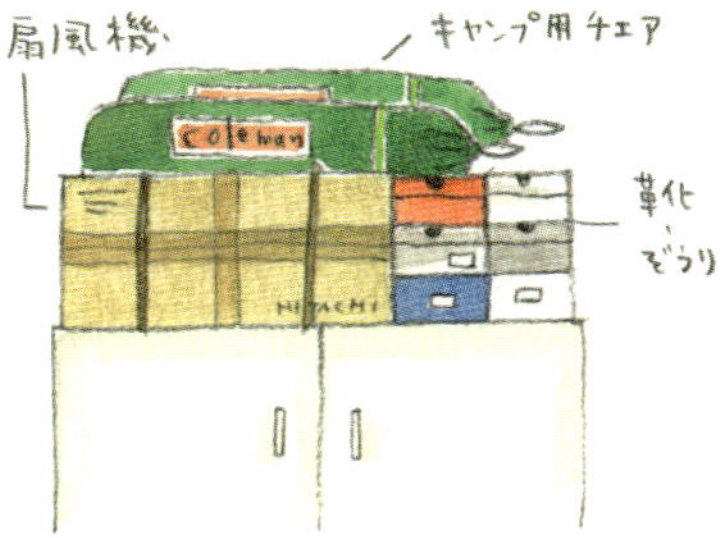

扇風機 → 母の寝室のクローゼットに
キャンプ用チェア → 父の寝室のクローゼットに
革化、ぞうり → ゴミとして処分

> モノの量は、暮らしのサイズからはみ出さないよう
> 気をつける！

片づけは単純作業の繰り返し。基本1〜5の手順を何度も何度も繰り返し、ひとつひとつ根気よく実家にあるすべてのモノと向き合いました。

片づけ作業の手順

①

エリアを細かく分けます。このとき、範囲を狭く区切る。広い範囲で始めると、時間と体力ばかりを消耗してしまい、達成感も片づいた実感も薄い。今日はリビングの引き出し、明日はキッチンのシンク下など、1、2時間で片づけ終わる範囲にするのがベスト。

②

中にあるモノすべてを出して把握します。全部出すのがコツ。

3つに分ける

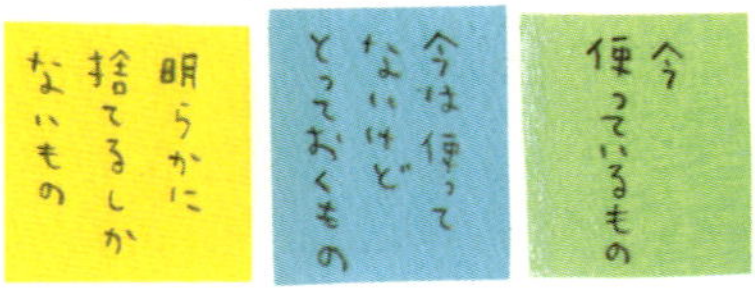

③

出したモノを分ける。最初に、明らかに捨てるしかないもの（賞味期限切れ、使用期限切れ、破損しているモノ）をゴミ袋へ。その後、母と一緒に、今使っているもの、今は使っていないけれどとっておくモノ、要らないモノに分けました。

④
要らないモノはゴミ袋に、要るモノだけを棚に戻します。

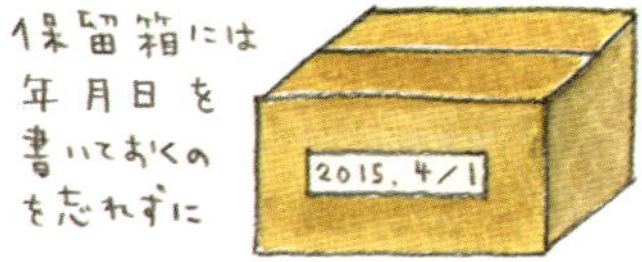

⑤
今は使ってないけれどとっておくモノは、保留箱にまとめます。半年たって、その存在を忘れるなら「要らないモノ」として処分。このとき、保留期間を決めるため、箱に年月日を書いておく。いつまでも置いておくのは死蔵品を増やすだけです。

基本の手順

すべてを出す→分ける→減らす→収納する

実家インテリアあるある 2
卒業証書も
捨てられないから
10本以上
あったりする
賞状
賞状
賞状
皆勤賞や感謝状
など よく見たら 飾るほど
でも ないものも…
29
近所の店でもらう
日めくりカレンダー
レースが
オシャレ
博多人形に
リヤドロ人形
買った覚えはないのにある
母の手作りペットボトル
リサイクル・ペン立て
最近は
見なくなった
かも…
くすり
のどあめ
なんでも入れカゴ…
電話の横あたりにありがち
北海道の木彫りの熊

第②章

捨てた分だけ新しいハッピーがやってくる

もっといいのん、買ったるから！

ひとつひとつが家族のヒストリーなので、母は捨てると怒るし、寂しがります。片づけを始めた当初、私がゴミ袋に捨てたモノを取り出して、「これはまだ使える」「今使ってるの！」と、理由をつけては捨てさせてくれませんでした。しかも私が実家から東京の自分の家に戻ると、「あれがなくて困ってる。どこに片づけたんや」とケンカ腰の電話がかかってくることさえありました。

モノを捨てるイコール寂しいという気持ちもわかるのですが、これから10年、20年先を考えればそうも言ってられません。勝手に捨ててしまいたいところをぐっと我慢。両親に「捨てる？」と聞くと拒否反応を示すので、「これ、要る？」「使ってるの？」と、言葉に気をつけながらの確認作業が続きました。

捨てるのを渋る母に効いた魔法の言葉は「もっといいのん、買ったるから！」

捨てることに罪悪感を抱く母と、量より質重視で要らないモノを率先して捨てる私。相反するふたりが一緒に片づけをするのですから、衝突するのも当たり前。だからこそ、その先にある両親が快適に安全に暮らせる家、家族が仲良く集まる家という共通の目標が大事だったように思います。

頂き物はもらったときに、その役目を終える

頂き物は、もらったときのうれしい気持ち、感謝の気持ちを持つことでその役割は終わる。そう考えると、気持ちがずいぶん楽になるものです。「気持ちを頂いた」ことをかみしめ、相手に敬意と感謝の念を持つことは必要だけど、好みやテイストに合わないモノは自由に手放していいと思ってます。

なんでもかんでも頂いたモノだからと捨てられずにとっておくと、家の中はあっというまに混乱します。テイストもバラバラ、ゴチャゴチャして、インテリアを考える気すらなくなってしまいます。

必要な分だけ

感心するほど、母はこまめにストックするほうです。山ほどある保存容器はそのためです。食べ残しは、必ず保存容器に入れて冷蔵庫にストック。でも悲しいかな、母の癖はここまでなのです。その食べ残しをアレンジして新しい料理を生み出すところまではいきません。結局、冷蔵庫に入れっぱなしの古くなったものを父が食べておなかをこわすという、危険な笑い話を何度聞いたことか……。

子どもが小さいときは、実家に帰ったらまずは最初に冷蔵庫の中身の賞味期限切れチェックをしていたくらいでした。父とふたり暮らしにもかかわらず母は家族4人分を作るため、3日間カレー、4日間おでんを食べ続けることもザラ。「大きい鍋で作らんと、おいしないやろ！」と母は謎のポリシーを譲りません。

関西には春を告げる釘煮という、小魚を甘辛く煮た料理があります。毎年母の手作り釘煮が東京のわが家に送られてきますが、「おいしいよ」と言ったら最後。さらに2倍の量の釘煮が追送されてきました。「こんなに食べられへん！」と電話すると、「冷凍しとき！」。

いやいやいやお母さん。冷凍して食べたら旬のおいしさなくなるやん。旬のものは旬のときにちょこっと食べるのがおいしいと私は思うのです。

食べきれる分だけ作る。一日に必要なだけの材料を買いにスーパーまで歩く。これが母の健康のためにも、すっきり快適な暮らしのためにもベストなのに、母は父の運転する車でスーパーに行って一週間分をどかっと大量買い……これがやめられないようです。

これも、モノの少ない時代を生き抜いた団塊世代の特徴なのかもしれません。

POINT

ストックも大事だけど、食べきれる分、使いきれる量に慣れることも大事。

思い出のあるモノの処分

実家の押し入れには、私が学生時代に書いた丸文字の交換日記やら手紙やらがそのまんま残っていました。幼稚園から高校までの図画作品、通信簿、写真、スケッチブック、賞状まで!!! 私のモノだけでも相当な量があって、それらを分別するのもひと苦労でした。

このとき私が考えたルールは、自分の子どもがその年まで成長したら処分するというもの。

中3の娘と中3の自分。比べてみて「やっぱり同じやなあ」と思えるだけで子育てで悩んでいた気持ちがふっと楽になりました。

昔のモノを見返し、手に取ると、使っていた頃の自分、時代、空気がよみがえります。こうやってひとつひとつ、捨てる前にモノと向き合うと、モノが浄化されて自分の中に積み重なるように感じました。この先忘れたとしても、自分のどこかにきちんとその時間が残っているのです。

大量に残されている家族写真は親子で分別するのがおすすめです。あーあのときの！　など思い出話を通じて新たな気づきがあったり、全く知らなかったファミリーヒストリーをひもとくことができたり……。

大正5年生まれの祖母が亡くなる前に、20歳の頃の写真を見せてくれたことがありました。そこには、目の前にいるしわしわのおばあちゃんではなく、どことなく自分に似ている若い女性がいました。こんなふうに、片づけをしなければ知りえなかったこと、伝わらないこともたくさんあります。

片づけは家族のコミュニケーションが深められるいい機会とも言えます。元気なうちに、伝えておいてほしいことを教えてもらえるいいチャンスになりました。

POINT
捨てる前に向き合う。
自分の子どもがその年まで成長したら処分時。

43年前の七段飾りのお雛様

父が私の初節句の前日に奮発して買ってくれたという七段飾りのお雛様。当時は6畳の和室を占領してしまうほど大きなお雛様がステータスだったのでしょう。そびえたつお雛様一団の前で赤い着物をまとってちょこんと座った私の写真が今でも残っています。

出し入れには相当な労力が要るので、飾っていたのは私が10歳の頃まででしょうか。それから30年以上、和室の天袋の奥にしまいこんだままです。

実家片づけ隊長の私が、そろそろ処分しようと母に提案すると、和歌山の淡嶋神社に納めたいと言ってくれました。人形供養で有名な神社に出向くと、境内にはところ狭しと納められた人形たちがずらりと陳列されています。市松人形が100体以上同じ方向を向いて並ぶ姿は背筋がゾッとするほど異様！

でも、しばらく神社の中で人形たちと向き合っていると、不思議と怖ろしいという気持ちが薄らいできました。確かにインパクトのある光景ですが、恨みや怨念といったような負の空気より、身代わりに子どもたちの厄を払う、願いを叶えるという役目を果たした人形たちには神々しいものを感じました（さすがに、夜は怖すぎてここにはいられないでしょうが……）。

淡嶋さんに行ってみて、43年のんきに楽しく暮らして、こうしてりっぱなおばさんになれたと思うと、お雛様一団に感謝の気持ちが生まれてきました。

POINT

人形は神社に奉納。

おひなさまを 処分するため
和歌山の淡嶋神社へ

父親が買ってくれた
七段飾りの
おひなさま
でも30年以上
押し入れの
天袋に
入れっぱなし…
40年前、
3歳の私

おひなさま一行を
箱に詰めて 両親と
仲良く3人で
行ってきました

神社に一歩、
足を踏み入れると
整列した市松人形
が同じ方向を
見ているという
怖ろしい光景が!!

日本人形だけでなく
招き猫、熊の置物、
たぬき、かえる、干支など
あらゆる人形が
神社を囲むように
並べられていました。

大人気で
行列が
できる
ほど

神社の参道にあるお店の
「しらす丼」が有名!

淡嶋神社
和歌山県和歌山市加太118
Tel：073-459-0043

よくぞ ここまで 集めたな
の 七五三 グッズ

4人の孫たちのため
母が 10年に わたり
ネットオークションで
買い集めた
大量の 七五三の
着物や小物！
（総数100点
近いかも…。）

全員の七五三が終わったので 着物買取り業者にお願いしました。

こんな大きな
ダンボール2箱分も
売ったのですが
1300円
にしか
なりません
でした…。

実家のリビングにある引き出物
頂き物
両親が
使っているのを一度も
見たことがない…
実家にお客さまが
来ることがない…
イタリアのティーカップセット
ロンドン土産の
ティーポット＆カップ
飾り棚の中で使われることなく
ずっと並んでいるものたち
赤と金の酒器セット。
派手すぎ＆センス悪すぎ
で誰も使いません
シンデレラのガラスの靴が
茶わんの横に並んでます
もらったものは
好みのデザインで
なくても使う・飾る
親世代…
クリスタルのデキャンタ
一体この中に誰が
何を入れて飲むの!?
年に一度、
正月花を飾るのに
使います
サイドボードの上に
並んでいるものたち
大理石調の重たい時計。
私が捨てたはずなのに
帰省したら、しっかり
使われていた
こけしちゃんの横には
テレビのリモコン

出てきた　出てきた　なつか©もの

今は
すっかり
ハゲポチャ
おやじ♡

弟の中学の陸上部の
ユニフォーム

私が幼稚園の頃に
描いた絵

うれしい♡

やったね!

なつかしの
↖丸文字!

私の小・中学時代の交換日記
(カギつき)とサイン帳

かつての弟のアイドル
斉藤由貴の切りぬきも
そのまんま

ポスカで描いた
ヤンキーのイラストが
時代を感じさせます

弟の中学の生徒手帳

ゴーストバスターズ
〈オリジナルサウンドトラック〉
と手書き文字のラベルが…

毎日チェッカーズ！
聴いてたなー

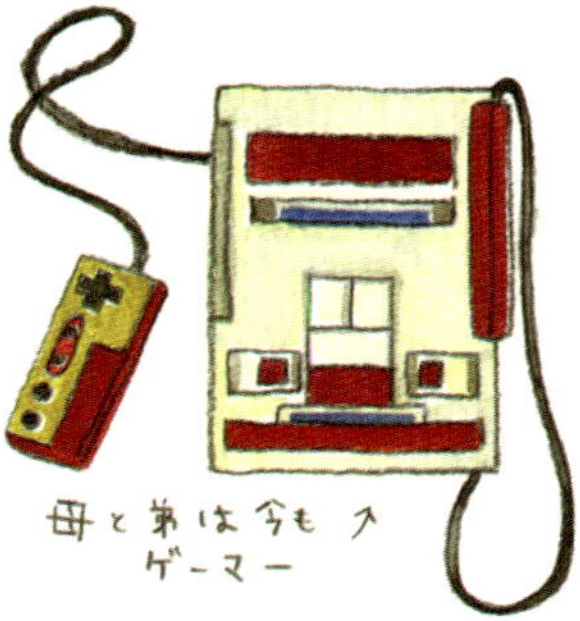

母と弟は今も↗
ゲーマー

スーパーファミコン

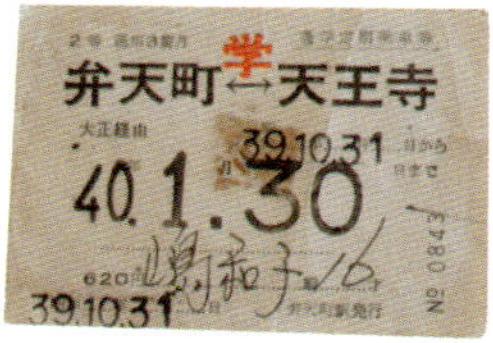

今から50年前！
母が16才の時の通学定期
3ヶ月で620円!!

両親が結婚前に
でかけていた
ハイキング地図♡

あれこれ業者利用

ネットの買い取り屋（和装小物 ブランド品）

　買い取り金額はまさに雀の涙ほどにしかなりませんが、外出することなく家の中にいながら、大量のモノを処分することができるのでおすすめです。重たいモノを自力で外に運び出すことなど、シニア世代にはとても無理。手続きはネットだけですむので、メリットは非常に大きいと感じました。段ボール箱も無料で送ってくれますし、自分で自宅から運び出す手間がないので楽です。

　ネットで申しこむと業者から大きな段ボール箱が送られてきます。そこに不用品を入れるだけでOKです。決まった日時に宅配業者が取りに来てくれます。後日、業者から買い取り金額がメールでお知らせされ、指定した銀行口座に振りこまれるという仕組みです。

着物買い取りの流れ
1. ネットで申し込む
ダンボール大2コでいいかな
2. ダンボールが届く
お届けでーす
3. ダンボールに詰める
4 宅配業者が取りに来る
5. メールで買い取り金額が報告され指定の口座に振り込まれる
¥1300
これだけか〜

電化製品買い取り
ハードオフ

今使ってる人はほとんどいないワープロに、なんと2000円という高値が！

家電量販店

今では見かけなくなってしまった、重たく大きなブラウン管テレビが父の部屋にありました。近くの家電量販店に持ちこんで処分しました。今の時代、電化製品は処分するだけでリサイクル料金がかかります。

廃品回収業者（本、洋服）

月末にマンションのドア前に、古新聞、衣類、紙類をまとめて置いておくと業者が持って行ってくれる。空き箱、洋服などの処分に利用。

粗大ゴミ

シニア世代が重たい粗大ごみを出すのは容易ではありません。これがモノがたまる原因です。私も運べない大物は自治体のサービスやマンションの管理人さんに助けてもらいました。

回収ゴミ

計60〜70個ぐらいのゴミ袋を出しました。一気に出すのも申し訳ないし、怪しまれるので、夜になってから、こそこそと何度も母と出しに行きました（父は私たちより力がないという情けない現状）。

着物買い取り ヤマトク

90×36×24cmのビッグサイズの段ボール2箱にぎゅうぎゅうに100点近くの七五三の着物や小物たち。すべてヤフオク好きの母が、4人の孫のために、せっせせっせと競り落としたお宝たちです。よくもまあ、こんなに買ったなあ！と感謝するとともに、母の買いもの癖を見事に表していると思わずにいられません。ヤフオクはキーワードにヒットする商品が毎日新しく出てくるので、ついより安く良いものを求めて同じような商品を何個も落としてしまうのです。母は今でもヤフオク大好きで、孫や自分の洋服などを夜な夜なチェックしています。孫たちは大喜びで母からの贈り物を待っているのですから、私としてもいいのを落としてね！と、母の趣味を応援しています（要らないモノは容赦なくすぐに捨てるけど……）。

持ちこみ買い取り屋
ブックオフ（本、電気製品、ブランド洋服）

こんなものまでいいんですか？　というモノまで買い取ってくれました。お金にはなりませんが、ガラクタを引き取ってくれるだけでも感謝！

買い取ってくれなかったのは、壊れたフランス人形や古すぎる本、雑誌などでした。本、雑誌は処分はしてくれました。フランス人形は人形供養で有名な淡嶋神社に。

捨てた分だけハッピーがやってくる

私自身、子どもの頃は片づけが苦手でしたが、大人になって好きになりました。節目節目には片づけをして気持ちを切り替えています。例えば仕事で一冊の本を書き終えた瞬間、机のまわりにはラフ、資料、メモ、画材など大量のモノがあふれ、足の踏み場もありません。さらに締め切り前は片づける時間がとれないため、家中がぐちゃぐちゃ。気持ちまですっきりしないので、書き終えた原稿を出版社に送ったとたん、片づけを始めます。使い終わった資料、本などは、すべてきれいに処分してしまいます。

子ども部屋もトイレもお風呂も、すみからすみまで掃除。掃除に没頭することで頭の中まですっきり整理され、次の仕事へ、明日からの暮らしへと気持ちを切り替えることができます。

過去のモノをそのまま置いておくのは、運の流れにとっていいことではない。

そんなふうに考えています。循環させなければ、きれいな水は湧いてきません。流れが停滞すると、よどむ、濁るというイメージです。これは若いときに屋久島へひとり旅に出かけたときに、島中を循環している美しい水の流れを体感したせいかもしれません。それからは、運の流れを詰まらせたくはないので、要らないモノは捨てようと思うようになりました。片づけをして気の流れをよくすると、新しい運が巡ってくるように感じます。

今回、考えられないくらい、実家のたくさんのモノを捨てました。ゴミ袋にしたら100袋は捨てました。でも、寂しいという気持ちより、捨てた分だけいいことが、これから起こりそう！　という気持ちのほうが大きくて、わくわくしています。

POINT

モノを循環させて運を引き寄せる。

粗大ゴミで捨てたもの1

私が小学生の頃から
使っていた棚

弟が小学生の頃から
使っていた棚

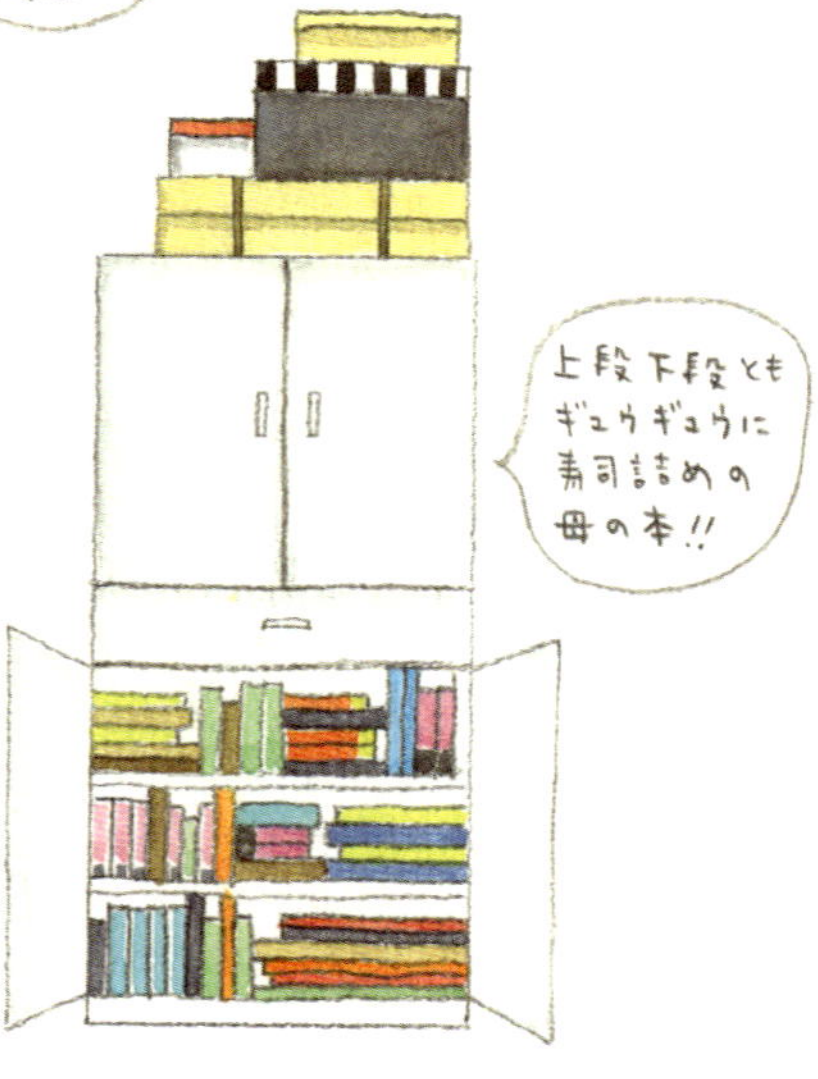

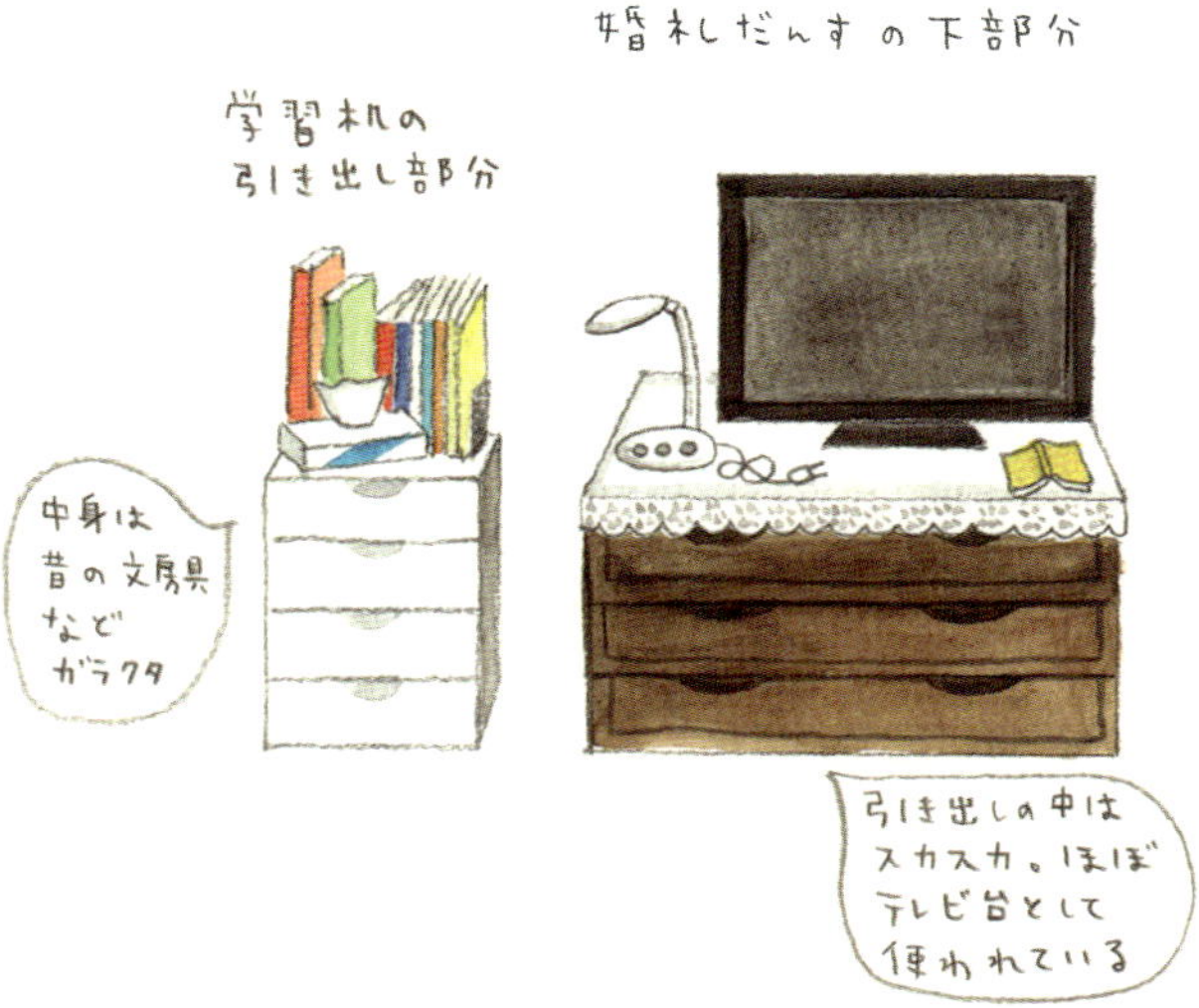
婚礼だんすの下部分
学習机の引き出し部分
中身は昔の文房具などガラクタ
引き出しの中はスカスカ。ほぼテレビ台として使われている

・30年以上前の子供用の棚を、まだ使えるからと使わなくていいものを使い続けていた

⇩

結果、部屋のスペースは狭くなり、転倒の危険も。中身も必要なものはなく、ガラクタが増えるばかり…

⇩

処分することで部屋は広々、安全な空間に。

粗大ゴミで捨てたもの 2

じいじ部屋のすみっこに 並んだ箱が増えていく

・あふれたモノを箱に 入れると片づいたと思うのは 大まちがい!

・収納箱を買うのはやめましょう 中身の分からない玉手箱を 増やすだけ!

敷きっぱなしのふとん

実家の押し入れは、家族が帰省したとき用のふとんでパンパンです。自分たちのふとんを片づけるスペースさえない有り様。さらに67歳、70歳の両親が毎日ふとんをあげおろしするのは、体力的にもきびしいようです。

ふとんはたたんで部屋のすみっこに置く母。父はたたむことすらせず、ほぼ万年床。これが所帯じみた「巣」として、よどんだ空気を発していました。だったらベッドを買おうよと提案しているのですが、70年近くふとんで寝てきた体にベッドはきついよう。むしろ万年床でもふとんのほうがいいと言います。

一緒に暮らしてもいない私が無理に彼らの暮らしを変えることはできないので、ここはゆっくり時間をかけて、時が来たら協力したいと思っています。

天井照明を新しくしました

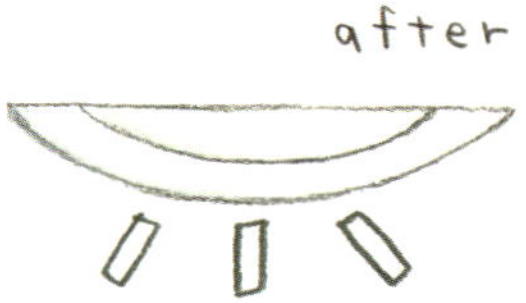

親だけでは電球も換えられない時が来る

第③章

分類・収納・クローゼット

片づけ　スッキリ ルール

重ねられない食器は場所をとるので買わない

軽くて丈夫
シンプルなデザインを
選ぶ

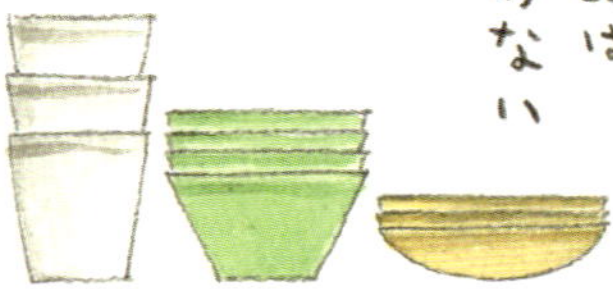

使わないプラスティックの食器は処分する

ストックする量を決める

年賀状は
1年分のみを保存

食品ストックは
バスケットひとつ分

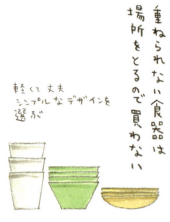

ベランダのランドリー小物は色を統一させる

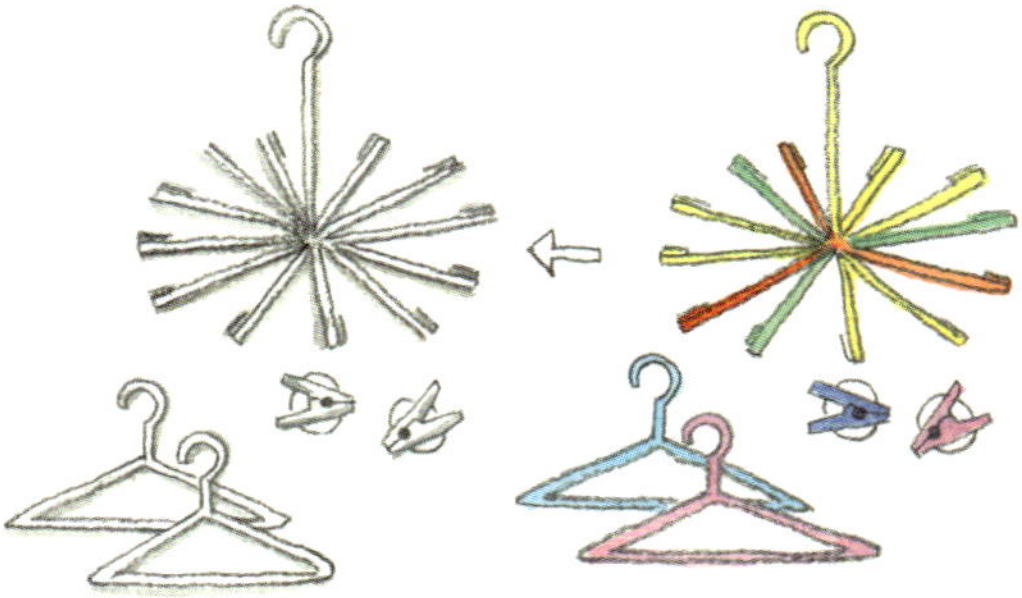

バスタオル・タオルは2年に一度同じものを買いそろえる

10年以上使っている柄物やもらいものは処分!!

同じ色、同じサイズだと たたんで収納している時も見た目がスッキリ

死蔵品が増える原因は収納ボックス

シニア世代は菓子箱、木箱、家電製品の箱や紙袋など「何かに使えそう」なモノをとっておきたがります。母は空き箱に、写真や手紙、ノート、孫が使っていた色鉛筆、チェーリングなど、なんでも入れて、押し入れの中に並べていました。さらには雑貨屋で売っている安くてきれいな収納ボックスを山ほど買ってきて、そこに収納スペースからあふれ出たモノを詰めこみ、部屋の隅に並べたり。気がつけば、父の部屋にあった収納ボックスは最初は1、2個だったのに、いつのまにか4、5個に列が延びていました。ちなみに中身は退職して10年以上経つ会社の資料。

こうして空き箱や収納ボックスにせっせと詰めては一生開けない玉手箱を作っているのです（もちろん、両親がいなくなった後に、その玉手箱を開けても誰もうれしくないでしょう……）。

時間がたって、中に何が入っているのかわからなくなったとしても、「捨ててはいない。家のどこかにある」という安心感が両親にとっては大切なのかもしれません。私に言わせると、空き箱や収納ボックスこそが片づけの敵。安易に増やしてはいけません。死蔵品がたまる一方です。

「なくても困らない」モノは「捨てるべき」モノ。空き箱や紙袋は、決まったスペースに見合う分量のみにしておくルールを決めておくとよさそうです。

POINT

「なくても困らない」モノは「捨てるべき」モノ。

いざ！という時のために

まとめておきたい 入院グッズ

□ はし、はし箱

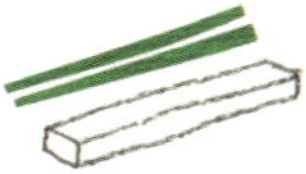

□ 寝巻き

□ 湯飲み、きゅうす

□ 下着

□ ヘアブラシ、ヒゲソリ

□ 室内履き

□ ティッシュペーパー

□ タオル・バスタオル

□ ハンガー

□ 洗面用具

□ 小物入れカゴ

□ お薬手帳

□ 家族の
連絡先リスト

□ 病歴、
手術などの
記録

□ 読みたい本、
聴きたい音楽

□ 筆記用具

□ カレンダー

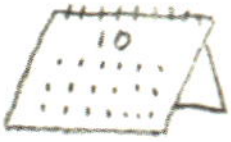

□ ラジオ＆
イヤホン

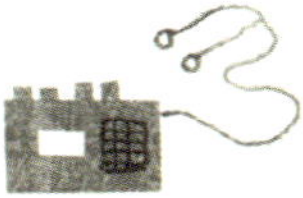

□ 時計

□ 耳せん

日々の掃除は好きだけど片づけは苦手

母は毎日掃除機をかけるし、炊事も洗濯もまめです。いつ帰っても実家は、きちんときれいです。ただ、収納や分類が明らかに苦手です。リビングやキッチンの棚には、父が日常使うタオルや時計、たばこ、ライター、母の化粧品、アクセサリーなどが並べられています。

例えばトレイに、決められた種類、分量を置くなら「見せる収納」になるでしょう。でも、わが実家の棚の上にはあらゆるモノが置かれて、どんどん繁殖します。よく使うモノと、たまたま使って出しっぱなしのモノ、さらにはしまいきれずにあふれたモノとが混在し、雑多に並べられている。

こういうところに所帯じみた生活感が表れるというもの。

両親は、この「見える収納」がわかりやすくて使いやすいと思いこんでいるのです。

解決法は、モノの居場所を決めることに尽きます。

要るモノ、要らないモノ。使うモノ、使わないモノ。

分類するだけで、暮らしはすっきりします。イケアや無印良品の小引き出しにラベルを貼ってモノの住所を決めます。

耳かき、はさみ、爪切り、ペン……あちこちに散在していた小物を一カ所に集めて、分類・整理。使いたいときにすぐ見つかります。定期的に引き出しの中身を見直すとよいと思います。

POINT

すぐ使うモノはサッと出せてサットしまえるワンアクション収納がおすすめ。

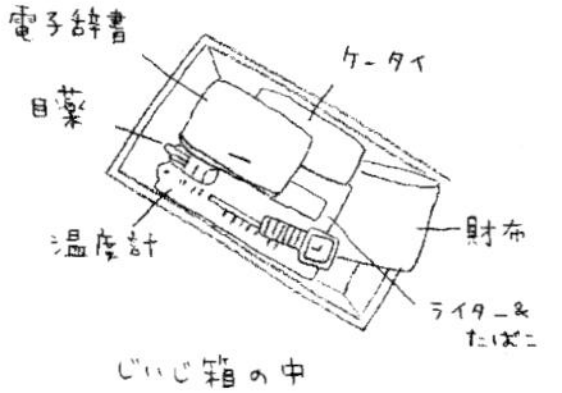
電子辞書
ケータイ
目薬
財布
温度計
ライター＆たばこ
じいじ箱の中

リビングに　出しっぱなしの
細々したものを　小引き出しに　片づける

リビングに バラバラ ありがちな 細々したものは、

36.5

小引き出し収納が 便利です

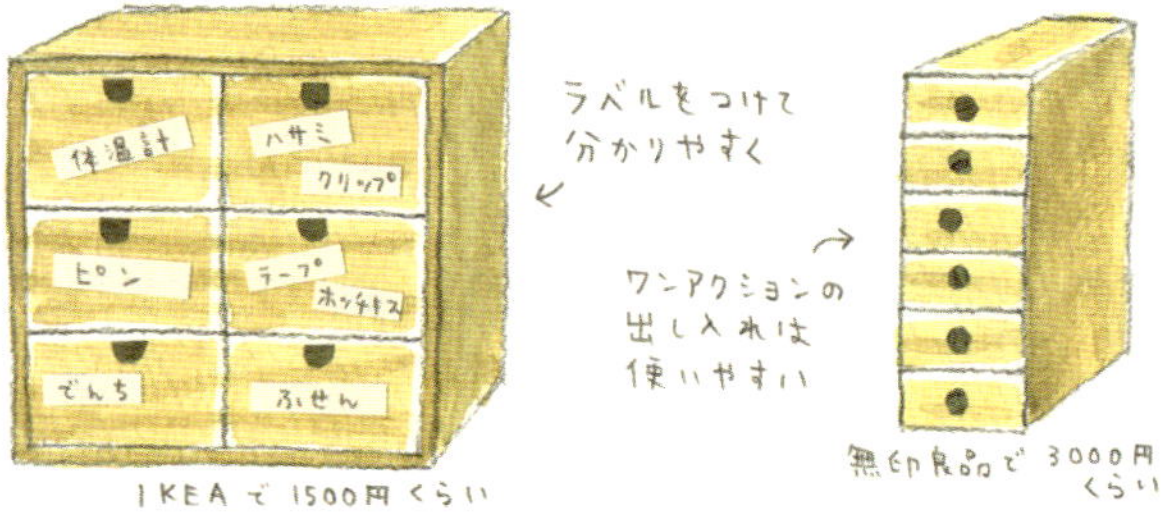
体温計
ハサミ
クリップ
ピン
テープ
ホッチキス
でんち
ふせん
ラベルをつけて
分かりやすく
ワンアクションの
出し入れは
使いやすい
IKEA で 1500円 くらい
無印良品で 3000円
くらい

ゴールデンゾーンにある収納棚の活用

収納のゴールデンゾーンとは、一日の中でいちばんよく使う収納場所のこと。キッチンで料理をしているときに、いちばんモノを取り出しやすい棚や引き出し、また、いつも手が届くところにあるリビングの引き出し、クローゼットのことです。せめて、このゴールデンゾーンだけは、要らないモノを入れないでもらいたい。

実家のゴールデンゾーンにある収納棚からは祖父の形見のめがね、誰も使わない虫眼鏡や磁石、期限切れの薬や買い置きの文具が出てくる出てくる。普段使わないモノが混在するからこそ、探しものがすぐに見つからないのです。

数年に一度しか使わないモノは取り除き、ゴールデンゾーンには、よく使うモノのみを厳選して収納し、居心地のいい空間作りを目指したいです。

本来と違う使い方をする親世代

実家のキッチンの壁という壁に、鍋やらお玉やらさいばしやらがぶら下がっています。

もちろんキッチンを使うのは母なので、母が使いやすい収納がいちばんです。とはいえ、どうしてこんなふうにぶら下げるようになったのかを考えると、「シンク下の収納が使えないから」という理由が見えてきました。

使わなくなったワゴン棚を、「あると便利じゃない？」と狭いキッチンに持ちこんだために、シンク下の扉が開けられない。そこでぶら下げ収納に踏みきったというわけです。

そもそもの原因は、本来処分したほうがいいワゴン棚をキッチンに持ちこんだことにあるように思いました。

本来の機能を活かした形での収納を進めたいものです。

便利&工夫
が好きな
親世代

家のあちこちにあるS字フック

1. 玄関横の手すりにS字フック

ステンレスなら
まだ オシャレ
かも…

玄関入ってすぐ、
黄色いプラスティックの
S字フック。
靴べらやゴミ袋などが ぶら下がってます

2. オリジナル トイレットペーパーホルダー

本来タオルかけのバーに
S字フックと木の棒を
引っかけて 父が製作。

手の届かない孫の
ために 作ったものだが
大きくなった今でも
愛用中。

狭いトイレに
2つのトイレット
ペーパーが!

3.キッチンの分別ゴミに特大S字フック

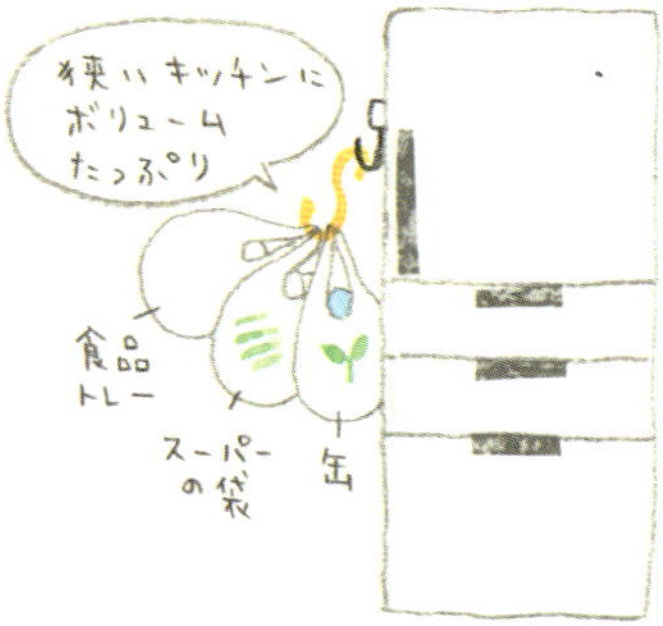

4.長い電源コードをたどらせる

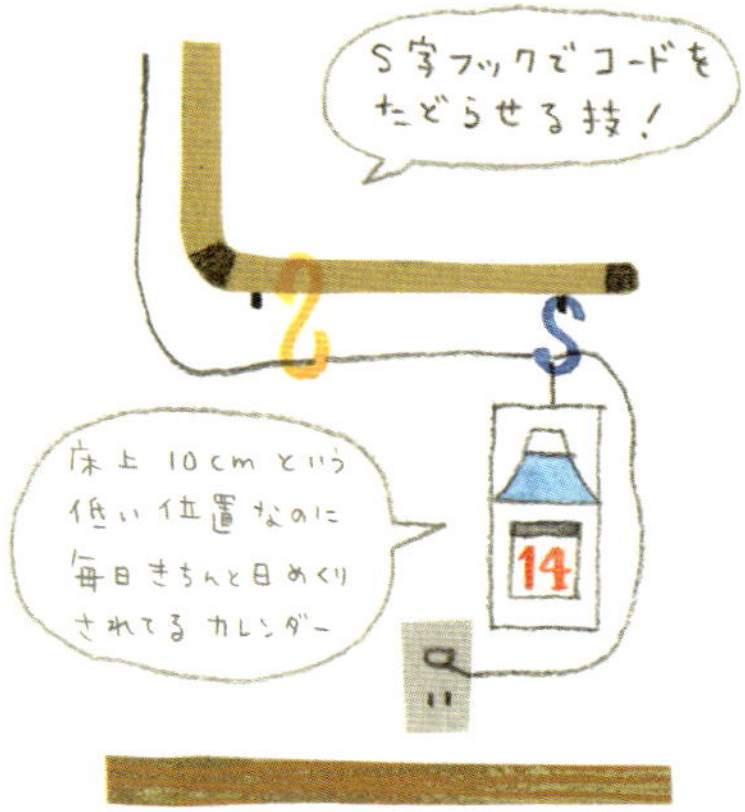

・手すりやバーなどがあると、すぐにS字フックを引っかけたがる

・赤、黄など色・素材・デザインがバラバラなのが所帯じみて見える原因。ステンレスのシンプルなものに統一すれば、スッキリするはず!

かわいい飾りものが好き！

小さくてかわいいモノを飾るのが大好きな母。これも基本、入れ替えなどしないまま、バラバラといろいろなモノを並べるので雑然としています。招き猫の横にキャンドル人形、クリスタルでできたシンデレラのガラスの靴の横に七福神の土人形といった具合で、なかにはいいモノもあるのに、どうもスッキリしない。「こだわり」がない飾り方で余計に部屋がごちゃごちゃとした印象になってしまっています。

日本の郷土玩具だけを飾る場所、世界のあちこちを旅してきた母のおみやげだけを飾る場所、というようにストーリーのある飾り方をすれば、部屋は一気に魅力的な空間になると思います。

ポイントは飾る分量。そしてここでも場所を決めることが大事です。あるだけ全部を飾るのではなく、際立たせたいモノを選択する。店のディスプレイのような飾り方、見た人が何これ？　と興味を持つような飾り方が理想です。見てくれるのは父や家族だけでもいいのです。父のなにげないひと言も、うれしいものだと思います。そして気分転換にもなるので、季節によって飾るモノを変えてみるのも素敵です。

POINT

分量と場所に気をつけて、ストーリーのある飾り方を。

母はかわいい 飾りものが 大好き！

かわいいという理由だけで 安っぽい クリスマス飾りを 買うのは やめてほしい…

どう見ても 中国製

孫が怖がって 同じ部屋で 寝たがらない ビスクドール。

身長52cm

夜になると 動き出しそう…

ロープ人形

日本の郷土玩具も オークションで買いはじめ、飾りもののテイストが より一層バラバラに…

フィンランド土産のトロール。

顔が 怖すぎます。

近づくと「ワン」と 吠える犬の置き物。「うちの番犬やねん」と言っていたが 電池が切れ ベランダに放置

籐のバスケット＋花柄レース ♡

たとえば玄関の飾り方

母は、いくつものかわいいモノを　並べてしまいがち

⇩

季節に合わせ、テーマを決めて飾ると
ぐぐっと洗練されたインテリアに…

並べっぱなしではなく、入れ替えて飾る

収納が少ないことが母の不満

実家が片づかない理由に、マンションの収納が少ない→各部屋に棚やたんすを配置→そこからモノがあふれ出す→棚の上、横などに収納ボックス、箱を積み重ね始める→家全体がごちゃごちゃして見える。そんな悪循環がありました。

しかもたんすたちは大きいばかりで、使い勝手の悪いのなんの。和室にデンと置かれた3棹の婚礼だんすは、引き出しが壊れ、たんすの中にさらに無印良品の収納ケースをしまいこんでいる。重くて捨てようにも捨てられないのです。さらには3番目の引き出しを開けると、2番目の引き出しが飛び出てきて、開けるだけでストレスがたまりました。

今のマンションに引っ越してきた当時、サイドボードやテレビ台などリビングで使うものにお金をかけ、それ以外は間に合わせの家具で20年間来てしまった結果でした。

思いきってたんすを全部捨てて、壁面クローゼットを作ろう。クローゼットに入る分量だけを持ち物にしよう。

いつも収納が足りないとぐちっていた母は、「それいいかもね！」とこの提案を了承してくれました。まずはたんすの処分からスタートです。

老夫婦では動かせない婚礼だんす

大きくて重たい婚礼だんす。もちろん父や母の力では動かせないので、粗大ゴミにも出せません。業者に頼むしかないかと調べると、5万円以上かかりそう。仕方ないのかなと思いながら、ふと両親が住む市のホームページを見ると、いい情報が。高齢者や身体障害者の方で、粗大ゴミを収集場所まで出せず困っている世帯を、職員が訪問し回収を行う「粗大ごみふれあい収集事業」を市内全区でやっているというのです。

原則として、市内在住の65歳以上で、寝たきりや認知症等により介護を必要とする高齢者世帯ということで、両親にはあてはまらなかったのですが、70歳の父は大腸ポリープの手術を終えて退院したばかり。さらに前立腺がんで入院も決まっていたので、そのことを電話で伝えてダメモトでお願いしてみたところ、「今回だけですよ」という約束で引き受けてくださいました。

重い家具を市の職員の方たちに運んでもらい、これからは軽い家具にしようと両親はふたりで言い合ったそうです。軽い家具のほうが掃除もしやすく、衛生面においても安心です。

クローゼットをオーダー

私がネットで画像検索し、自分の好みに近かった大阪のオーダー造付家具製作施工会社、056style（マゴコロスタイル）にクローゼットをオーダーすることにしました。既製品ではむずかしい自分の家にぴったりのサイズで作れるのがうれしい。それまでたんすの上に大きな箱をいくつも積み上げて、そばに寝るのが危険だった部屋が、天井いっぱいの高さの造り付けの棚になって地震が来ても安心です。さらに可動式の棚とパイプで、組み換えができるので、生活スタイルに合わせて長く使用できます。デザインや素材や色、すべて好みで選べるのは贅沢な楽しみでした。

私の目的は母の部屋、父の部屋にある小さなたんすや棚など5、6台のすべてを処分して、中にあるモノを新しいクローゼットにまとめて収納すること。それで洋服だけでなく、本や書類などを収納するスペースも作っていただきました。ハンガーにかける洋服だけでなく、それまで使っていた引き出し収納もあるので、無印良品の収納引き出しもぴったり入るサイズをオーダーしました。

施工は朝の9時スタートで午後3時には終了。見た目はすっきりしつつ、たっぷり収納の夢が叶いました。

これで安心して和室で家族が川の字になって眠れます。他の部屋のごちゃごちゃもすっきりして、両親も満足してくれました。

使わない場所をあえて空けておく

新しいクローゼットへの収納方法は、実際に毎日使う母が使いやすいように考えました。もっぱら私の役目は、増えすぎたときに笛を鳴らすことくらいです。

お正月に帰省したら、母はまた新しいコートを着ていました。クローゼットにぶら下がっているコートを数えると7着も……（夏に5着は処分したのに！）。

クローゼットのいいところは、一目瞭然で量の把握ができる点。

私は帰省のたびに適量をキープして、使いやすいクローゼットを維持していきたいと思います。

たっぷり収納のクローゼットは、今のところ70パーセントくらいの容量でまわすようにしています。クローゼットのお陰で暮らしに「ゆとり」ができると、不思議と心の中にも余裕が生まれるよう。こうして気持ち的にも解放される実家ができてきました。
ホテルのクローゼットのようなイメージで、これから使ってもらいたいと思ってます。

POINT
使い勝手の悪いたんすから、
機能的なクローゼットへ。

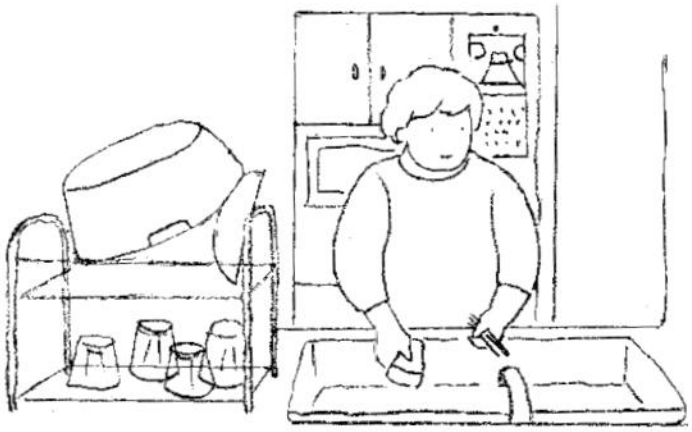

作りつけのクローゼットを オーダーしました

たんすの上にモノが積まれ
見ためも悪いし 危ない
場所を取る
わりに、収納
が少ない
婚礼だんす
桐の着物
ケースも
一枚一枚
見てみると
もらいものばかりで
大事な着物は
一枚もなかった
引き出しが壊れていて 代わりに
収納ボックスが置かれている始末
3さおある たんすの中で
父の服は引き出し2段分だけ！

- 危険で 使いにくく、容量も少ないたんすを処分！
- ごちゃごちゃ所帯じみて見え インテリアとしても ダメ！

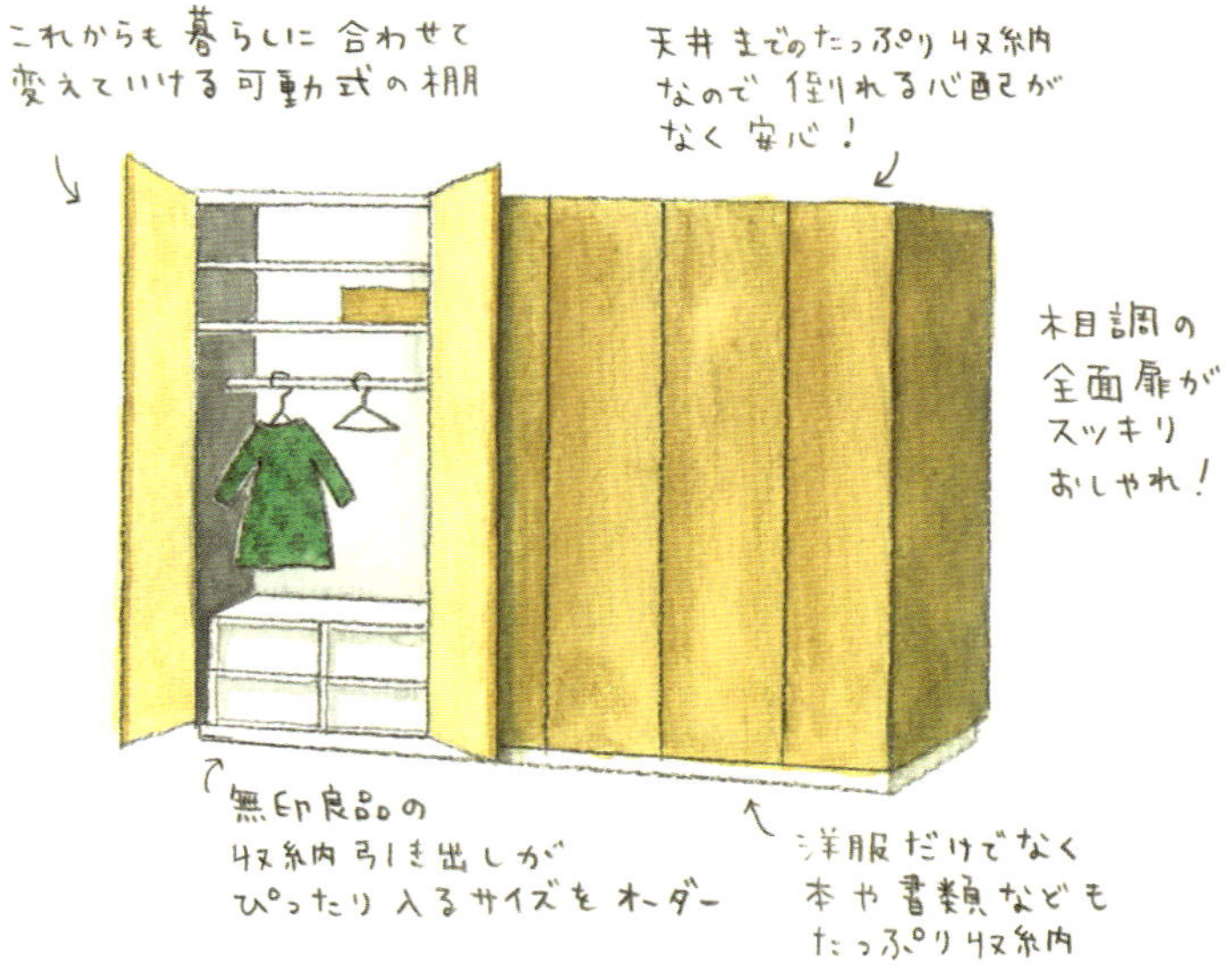

これからも暮らしに合わせて
変えていける可動式の棚
天井までのたっぷり収納
なので倒れる心配が
なく安心！
木目調の
全面扉が
スッキリ
おしゃれ！
無印良品の
収納引き出しが
ぴったり入るサイズをオーダー
洋服だけでなく
本や書類なども
たっぷり収納

・たっぷり容量なので他の部屋にあったものまで収納
→ 家全体がスッキリ！

・このクローゼットからはみ出すほどのモノは持たない
というルールを決めました

テイストを決める

ナチュラル系のリネンのワンピースも着れば、大阪のおばちゃん風アニマル柄セーターも着る母はいい意味で好奇心旺盛、流行に敏感。逆を言えば、こだわりがありません。家の中もそんな感じで、北欧風カーテンにこたつ。ペルシャじゅうたんの上にソファとざぶとん……と、ポリシーゼロのインテリア。

基本カラーを決めると部屋の統一感が出てきます。とくにカーテン、じゅうたん、トイレカバー、タオル、シーツ、スリッパなど暮らしの小物は柄物を避け、テイスト、色を統一させると見違えるように変わります。

すりきれたシーツ、ぼろぼろのタオル(すべて柄物)をふわふわの白い無地タオルに替えてみました。すると、ホテルのようなラグジュアリーな雰囲気に！今までに泊まった居心地のよかったホテルを思い出してシンプルなインテリアを目指すのも一案です。

リビングに何も置かないスペースを

リビングの棚やテーブル、食卓の上に何も置かないスペースを作る。これは私も実践中です。たったこれだけで部屋が驚くほどスッキリ見えます。

わが両親は普段使うモノを見えるところに置きたがる傾向が強いと、これまで書いてきましたが、そんな両親だからこそ私が提案したのは、リビングの一カ所だけでも何も置かないつるつるスペースをキープしようということでした。3人で話し合いをしてサイドボードの上には何も置かないことにしました。

つるつるスペースだけは、常につるつる状態をキープ！　何もない空間は広がりを持ち、清潔感が生まれるので部屋の印象が激変しました。

POINT

何も置かないつるつるスペースをキープ。

ほっこり
実家あるある
うる星やつら
じゃりン子チエ
昔のまん画を読み返す
ただいま
帰るとまず仏壇に手を合わせる
常に何か食べていておなかの減るひまがない
ハイハイ
帰るとき見えなくなるまで見送ってくれる
母愛用のキャラクタービッグTシャツ
これで外は出れない
パジャマがダサすぎ
実家に帰ると風邪を引く（看病してくれる人がいるからかな。）
あ、よいしょ
年を取った親の姿にちょっとつらくなる
きもちい〜
やたら、おふろに入れとすすめてくれる

第4章 帰りたくなる実家に

孫とゲームする母

本当に大事なのはモノの量ではなく質

今回、片づけをして感じたことは、モノを処分する（捨てる）ことは、モノをためこんでおくよりエネルギーが要るということでした。いわば実家の片づけは、ダイエットに似ています。食べまくって太るのはかんたんだし、年を重ねて代謝が悪くなると何もしてなくてもどんどん余計なお肉が体のあちこちについてくる。このぜい肉をとるのがとてもむずかしいのです。無意識のまま太った体ほど、やせるのは大変なのです。

片づけも同じで、モノは買うのがいちばんかんたん。ふつうに暮らしているだけで、つい安いモノを買ったり、人から頂いたりと、家には余計なモノがどんどんたまっていきます。

何十年もためこみ増え続けたモノたちを処分することが、今回本当に大変でした。

だからこそ、60歳を過ぎてからの買いものは、ずっと長く愛せるモノを選ぶべきだと思います。

人生の最後までお供してくれるモノ。例えばテーブルやソファなどは自分たちで動かせる軽いモノなら掃除が行き届き、危険も少ない。さらに、リサイクルの仕方、処分の仕方を予めわかったうえで購入する。

一年に一度しか使わない正月用品の重箱や屠蘇器などは子世代、孫世代が受け継ぎたいと思う質の高い品を選びたい。次の世代につながる生き方を意識した暮らしはかっこいいと思います。

住まいと暮らし方を小さくシンプルに

私の理想は家にあるモノすべてを使う暮らしです。旅行でラオスの山岳民族が住むお宅にお邪魔した際、必要なモノしか持たない暮らしを見て、自分がどれだけ余計なモノを抱えこんで生きているか考えさせられました。でも、私にはあそこまで潔い暮らしはとうてい無理です。せめて家の中のどこに何があるのか、自分自身で把握できる暮らしをしたいと思うようになりました。

そう意識するだけで、暮らしの無駄にずいぶん気がつきました。

今回、実家の片づけを通して、実家のどこに何があるのか、だいぶ把握できました。

家族の歴史が地層のように積み重なっていた以前とは、くらべものにならないほどすっきりした住まいに近づいたと思います。家についていたぜい肉が消えて、さあ、これからなんでも始められる！　とアクティブな家に変われたと思います。新しく生まれたスペースは、これからやってくるハッピーを待ち受けているように感じます。

POINT

片づけは、これからの暮らし方、生き方、家族のあり方を考えるきっかけ。

片づけも人生がふくらむ楽しいイベント

孫が小さいうちは、運動会、誕生日、発表会、家族旅行、クリスマス、七五三とイベントが盛りだくさんで、両親と頻繁にコミュニケーションを取り合っていました。母は、毎月大阪から東京まで会いに来てくれていたものです。でも孫が大きくなるにつれ、自然と母と会う機会も減ってきました。現役時代は働いていたふたりも、今は年金暮らし。時間はありあまっていても、体力もエネルギーも、自由になるお金も減ってきてます。

そこで私の「片づけブーム」が家族に新たな風を吹きこんでいます。両親にとってはありがた迷惑な話ですが、やっぱり楽しみ（作業）があったほうがいきいきとした気持ちになれるのではないか。両親と同じ時間を過ごしながら、そんなことを考えました。

結婚して、孫が生まれて、両親との新たな関係ができ、人生がふくらんでいったように、片づけも楽しい人生のイベントのようにとらえています。

モノがいちばん喜ぶ処分の仕方を考えることで、両親と相談し話す時間が増えたり、父の運転する車で遠くまで人形供養に行ったり、大阪まで両親に会いに行ったり。両親と3人だけの時間ができたのは、20年ぶりのことです。

今ではプロフィールに趣味は実家の片づけと書こうかなと思うくらい楽しんでやっています。次に帰ったときは、カーテンを替えようかな、タオルを買い替えようかな、なんて考えながらみんなが帰りたくなる実家を作っていきたいと思っています。

帰省のたびに模様替え

親が元気なうちに進める実家の片づけは、時間をかけて、何回にも分けるのがいいと思います。

片づけても片づけても、必ずリバウンドします。

帰るたびに逆戻りした家を見て、きーっとヒステリーを起こして怒ってもいいことはありません。もう実家に帰ってくるなと言われてしまったらおしまいです。

私はお盆と正月の年に2回ほどしか帰らないので、そのときに宝探し気分でごそごそと押し入れを発掘しながら片づけを進めました。「家族を思ってやってるんだよ」「片づけが好きだから趣味でやってるんだよ」というアピールを忘れないことがポイント。捨ててばかりだと母の機嫌が悪くなるので、模様替えをするためのショッピングに一緒に行ったり、そのついでにおいしいものを食べたりと、プラスのバランスも大事です。

親は「あんたも、飽きずに好きね」という感じで私を見ていると思います。正直なところ、本当は片づけなんてしてほしくないけれど、私がどうしてもやりたいと言うから、やらしてあげてるというスタンスみたい。

でも、両親だけでモノを処分していくのは、やっぱり無理なのです。捨てなければという気持ちがあっても体力がないので、かんたんにあきらめやすいし、捨てようという気持ちがそもそもない。一方で将来、絶対に捨てなければいけないときが来るのも事実です。

だったら、コミュニケーションを取れる間に、片づけたほうが親子関係のためにもよいと思います。

5年ごとの見直しを

ちょこちょことした片づけは、帰省のたびに楽しんでやる程度でいいと思うのですが、今回のような大きな片づけは5年に一度くらいの見直しが必要かもしれません。

家族はカタチを変えていくものです。赤ちゃんだった孫は、高校生になりました。仕事が忙しくて家にいなかった父が年金暮らしになり一日中家でテレビを見ています。びっくりするほど速いスピードで、暮らし方は変わっていきます。

5年前まで必要だった子ども用プールセットはもう今は要りません。家族が集まるたびに使っている大量の大きな鍋も、5年後は必要なくなるかもしれません。

家族が集まる機会が多いうちは、モノが多いのは当たり前です。両親ふたり暮らしの通常の日々に使うモノと、年に数回家族が集まるとき使うモノ、両方を揃えておく必要があるからです。ふたりのときも、10人でいるときも、快適に過ごせるスタイルが今の暮らしには必要なのですから。

でも、そろそろ使わなくなるときが来るから、と先を見越してモノを処分するのは、あまりにも寂しすぎます。スッキリしすぎた空間より、多少モノがごちゃごちゃしてるくらいのほうが、実家っぽくて和めるなと片づけをしていくうちに思うようになりました。

ゆっくりゆっくり、本当に不要になったモノを処分するだけで、家は十分スッキリしました。

明らかに要らないモノだと気づかせてあげられるのは、実の娘しかいません。

私は家は生きているものだと思っています。家を生かしているのは、そこに住む人です。暮らしながら手入れをして、家が喜ぶことをしてあげられたらと思います。

実家は家族みんなが集まる場所

私が思っている家が喜ぶことのひとつは、家に人を呼ぶことです。反対に家が悲しむのは人の出入りがなくなること。人の出入りがなくなると、家は巣になってしまいます。「巣」になると、空気はよどみ、家は人を寄せ付けなくなり、荒れてしまいます。

人が来るとなると、私は前日から片づけ、掃除して、いい香りをいきわたらせます。同じように高齢の両親も、私たち家族が帰省する際は一生懸命掃除をして迎えてくれます。人の出入りのある家は風通しがよく、いきいきとしています。

つつましくとも、きちんとした日々を明るく朗らかに過ごしてほしい。両親に対してそんな強い思いがあったからこそ、実家を片づけようという気持ちになりました。家族みんなを迎え入れてくれる場所であり続けてもらいたい。それが私のいちばんの願いです。

今年は偶然が重なって、家族10人でお正月を過ごしました。ぎゅうぎゅうになって集まって飲んだり食べたり笑ったりしているのを見て、きっと家は喜んでくれているに違いないと思いました。

堀川 波 ほりかわ なみ

1971年大阪生まれ。大阪芸術大学卒業。おもちゃメーカー開発部勤務を経て、絵本作家・イラストレーターに。著書に『女おとな旅ノート』(幻冬舎文庫)、『40歳からの「似合う」が見つかる 大人の着こなしレッスン』(PHP研究所)、『大人のおしゃれの新しい買い方』(KADOKAWA)、『おばあちゃんのオシャレ採集』(小社)などがある。

実家スッキリ化

2015年5月15日　第1刷発行

著　者　堀川 波

発行者　見城 徹

発行所　株式会社 幻冬舎
〒151-0051東京都渋谷区千駄ヶ谷4-9-7
電話　03(5411)6211(編集)
03(5411)6222(営業)
振替　00120-8-767643

印刷・製本所　株式会社 光邦

検印廃止

Printed in Japan
ISBN978-4-344-02762-6　C0095
幻冬舎ホームページアドレス
http://www.gentosha.co.jp/

この本に関するご意見・ご感想をメールでお寄せいただく場合は、comment@gentosha.co.jpまで。